AF201382

Impressum
Verlag: BABADADA GmbH, Nedderfeld 112 , 22529 Hamburg
Geschäftsführer / Verlagsleitung: Harald Hof
Druck: Books on Demand GmbH, In de Tarpen 42, 22848 Norderstedt

Imprint
Publisher: BABADADA GmbH, Nedderfeld 112 , 22529 Hamburg, Germany
Managing Director / Publishing direction: Harald Hof
Print: Books on Demand GmbH, In de Tarpen 42, 22848 Norderstedt

iskola
okul

osztályterem
sınıf

oszt
böl

186/2

asztal
tahta

iskoludvar
okul bahçesi

tanár
öğretmen

papír
kağıt

írni
yazmak

toll
kalem

íróasztal
masa

vonalzó
cetvel

könyv
kitap

tanuló
öğrenci

iskolatáska

okul çantası

tolltartó

kalemlik

ceruza

kurşun kalem

ceruzahegyező

kalem açacağı

radír

silgi

rajzfüzet

çizim defteri

rajz
çizim

ecset
resim fırçası

festőkészlet
boya kutusu

olló
makas

ragasztó
tutkal

munkafüzet
alıştırma kitabı

házi feladat
ödev

12

szám
sayı

2+2

összead
ekle

5-2

kivon
çıkar

2×2

szoroz
çarp

számol
hesapla

betű
harf

ABCDEFG HIJKLMN OPQRSTU VWXYZ

ABC
alfabe

szó
kelime

szöveg

metin

olvasni

okumak

kréta

tebeşir

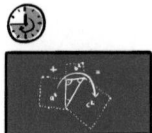

tanóra

ders

napló

kayıt

vizsga

sınav

bizonyítvány

sertifika

iskolai egyenruha

okul forması

oktatás

eğitim

enciklopédia

ansiklopedi

egyetem

üniversite

mikroszkóp

mikroskop

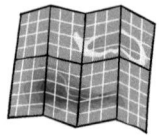

térkép

harita

papír-hulladék gyüjtő

kağıt çöp kutusu

hotel
otel

Grand

szállás
pansiyon

ROOMS

valutaváltó iroda
döviz bürosu

CHANGE

bőrönd
bavul

autó
otomobil

nyelv

dil

igen/nem

evet / hayır

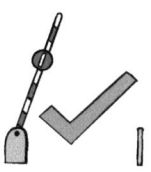

rendben

Tamam

szia

merhaba

fordító

çevirmen

köszönöm

Teşekkür ederim

mennyibe kerül...?

bu ... ne kadar?

nem értem

anlamadım

probléma

problem

Jó estét!

İyi akşamlar!

jó reggelt!

Günaydın!

jó éjszakát!

İyi geceler!

viszontlátásra

güle güle

útirány

yön

poggyász

bagaj

táska

çanta

hátizsák

sırt çantası

vendég

misafir

szoba

oda

hálózsák

uyku tulumu

sátor

çadır

turista információ

turist danışma

strand

sahil

hitelkártya

kredi kartı

reggeli

kahvaltı

ebéd

öğle yemeği

vacsora

akşam yemeği

jegy

Bilet

lift

asansör

bélyeg

pul

határ

sınır

vám

gümrük

nagykövetség

elçilik

vízum

vize

útlevél

pasaport

közlekedés
ulaşım

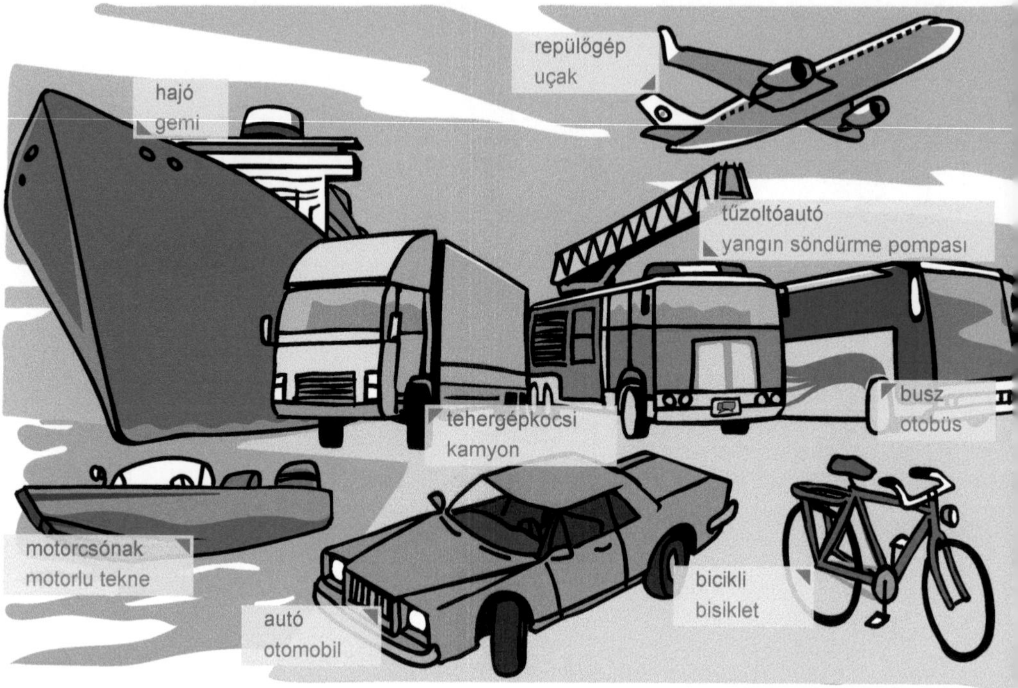

repülőgép
uçak
hajó
gemi
tűzoltóautó
yangın söndürme pompası
busz
otobüs
tehergépkocsi
kamyon
motorcsónak
motorlu tekne
bicikli
bisiklet
autó
otomobil

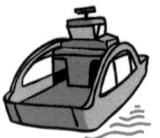

komp
feribot

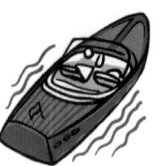

csónak
bot

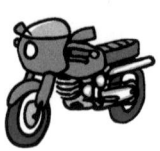

motorkerékpár
motosiklet

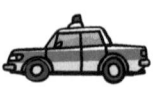

rendőrautó
polis arabası

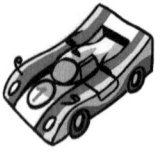

versenyautó
yarış arabası

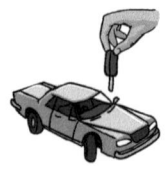

bérautó
kiralık araba

telekocsi

ortak araba

vontató

çekici

szemetes autó

çöp kamyonu

motor

motor

üzemanyag

yakıt

benzinkút

benzinlik

közlekedési tábla

trafik işareti

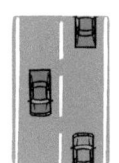

forgalom

trafik

forgalmi dugó

trafik sıkışıklığı

parkoló

otopark

vonatállomás

tren istasyonu

sínek

ray

vonat

tren

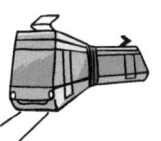

villamos

tramvay

vagon

vagon

helikopter
helikopter

repülőtér
havaalanı

torony
kule

utas
yolcu

konténer
konteyner

kartondoboz
koli

taliga
yük arabası

kosár
sepet

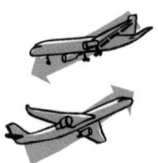

felszáll / leszáll
kalkış / iniş

város

şehir

falu
köy

városközpont
şehir merkezi

ház
ev

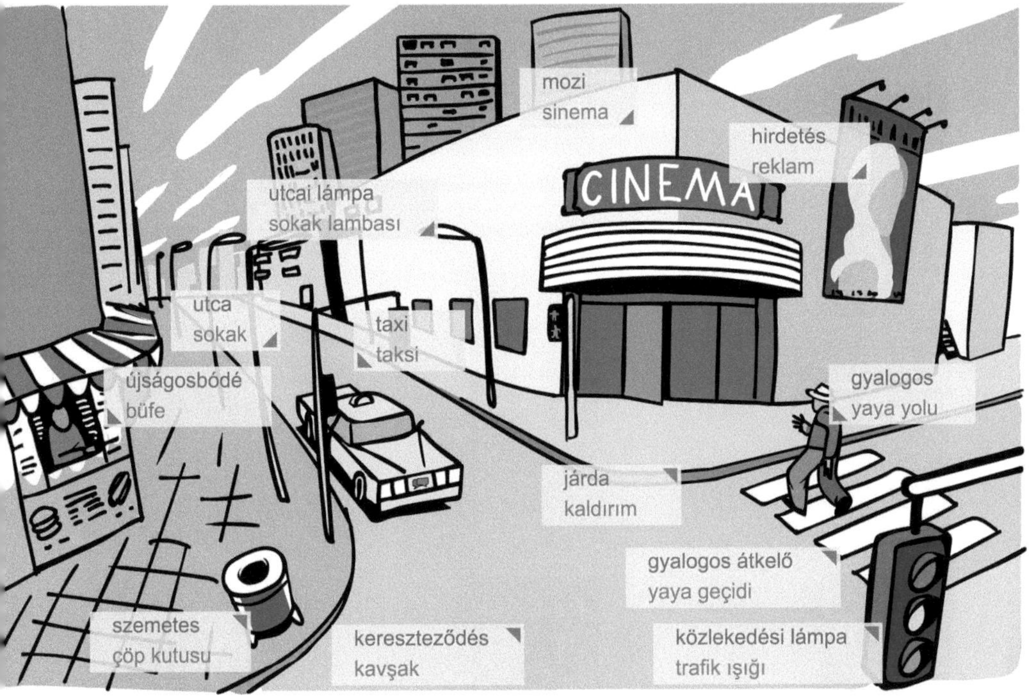

mozi / sinema

hirdetés / reklam

utcai lámpa / sokak lambası

utca / sokak

taxi / taksi

újságosbódé / büfe

gyalogos / yaya yolu

járda / kaldırım

gyalogos átkelő / yaya geçidi

szemetes / çöp kutusu

kereszteződés / kavşak

közlekedési lámpa / trafik ışığı

kunyhó
....
kulübe

lakás
....
apartman dairesi

vonatállomás
....
tren istasyonu

városháza
....
belediye binası

múzeum
....
müze

iskola
....
okul

egyetem

üniversite

bank

banka

kórház

hastane

hotel

otel

gyógyszertár

eczane

iroda

ofis

könyvesbolt

kitapçı

üzlet

mağaza

virágüzlet

çiçekçi

szupermarket

süpermarket

piac

market

áruház

büyük mağaza

halárus

balık satıcısı

bevásárló központ

alışveriş merkezi

kikötő

liman

park
park

pad
bank

híd
köprü

lépcső
merdiven

metró
metro

alagút
tünel

buszmegálló
otobüs durağı

bár
bar

étterem
restoran

postaláda
posta kutusu

utcatábla
sokak tabelası

parkoló óra
otopark sayacı

állatkert
hayvanat bahçesi

uszoda
yüzme havuzu

mecset
cami

gazdálkodás
çiftlik

környezetszennyezés
kirlilik

temető
mezarlık

templom
kilise

játszótér
oyun alanı

szentély
tapınak

táj
arazi

levél
yaprak

útjelző tábla
yön tabelası

út
yol

rét
çayır

kő
taş

túrázó
yürüyüşçü

fa
ağaç

folyó
ırmak

fű
çimen

virág
çiçek

völgy
vadi

domb
tepe

tó
göl

erdő
orman

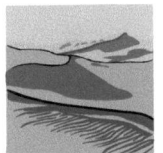

sivatag
çöl

vulkán
volkan

kastély
kale

szivárvány
gökkuşağı

gomba
mantar

pálmafa
palmiye

szúnyog
sivrisinek

légy
sinek

hangya
karınca

méhecske
arı

pók
örümcek

bogár

böcek

béka

kurbağa

mókus

sincap

sündisznó

kirpi

nyúl

yabani tavşan

bagoly

baykuş

madár

kuş

hattyú

kuğu

vaddisznó

yaban domuzu

szarvas

geyik

rénszarvas

geyik

gát

baraj

szélturbina

rüzgar türbini

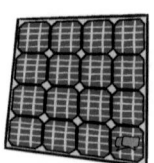

napelem

güneş paneli

éghajlat

iklim

étterem
restoran

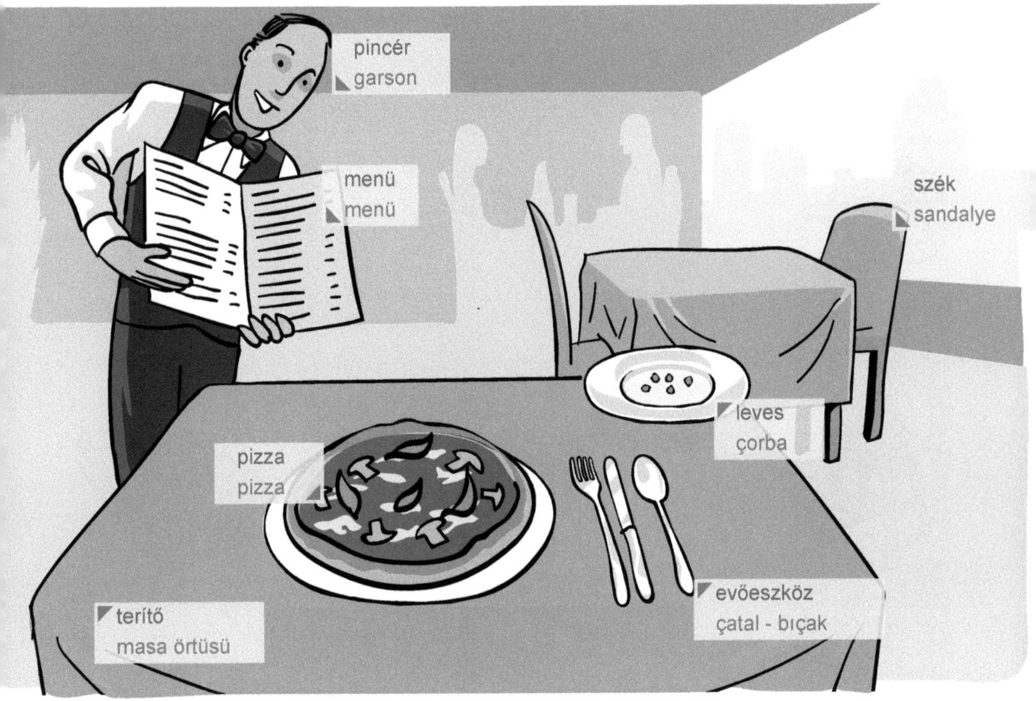
pincér
garson
menü
menü
szék
sandalye
leves
çorba
pizza
pizza
evőeszköz
çatal - bıçak
terítő
masa örtüsü

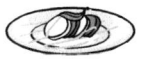

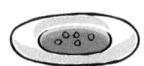

előétel

başlangıç

főétel

ana yemek

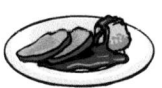

desszert

tatlı

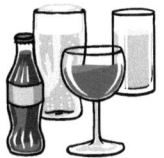

italok

içecekler

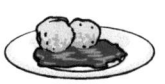

étel

yemek

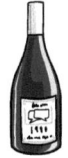

üveg

şişe

gyorsétel

fastfood

gyorsétel

sokak yemeği

teás kanna

çaydanlık

cukortartó

şekerlik

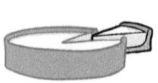

adag

porsiyon

eszpresszógép

espresso makinesi

bárszék

mama sandalyesi

számla

fatura

tálca

tepsi

kés

bıçak

villa

çatal

kanál

kaşık

teáskanál

çay kaşığı

szalvéta

servis peçetesi

pohár

bardak

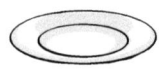

tányér
tabak

leveses tányér
çorba kasesi

csészealj
fincan altlığı

szósz
sos

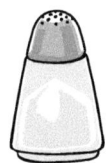

sószóró
tuzluk

borsőrlő
karabiber değirmeni

ecet
sirke

étkezési olaj
yağ

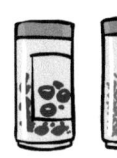

fűszerek
baharat

ketchup
ketçap

mustár
hardal

majonéz
mayonez

szupermarket
süpermarket

különleges ajánlat
özel teklif
FOR
ügyfél
müşteri
tejtermék
süt ürünleri
gyümölcsök
meyve
bevásárló kocsi
alışveriş arabası

BUTCHERS

hentes

kasap

BAKERY

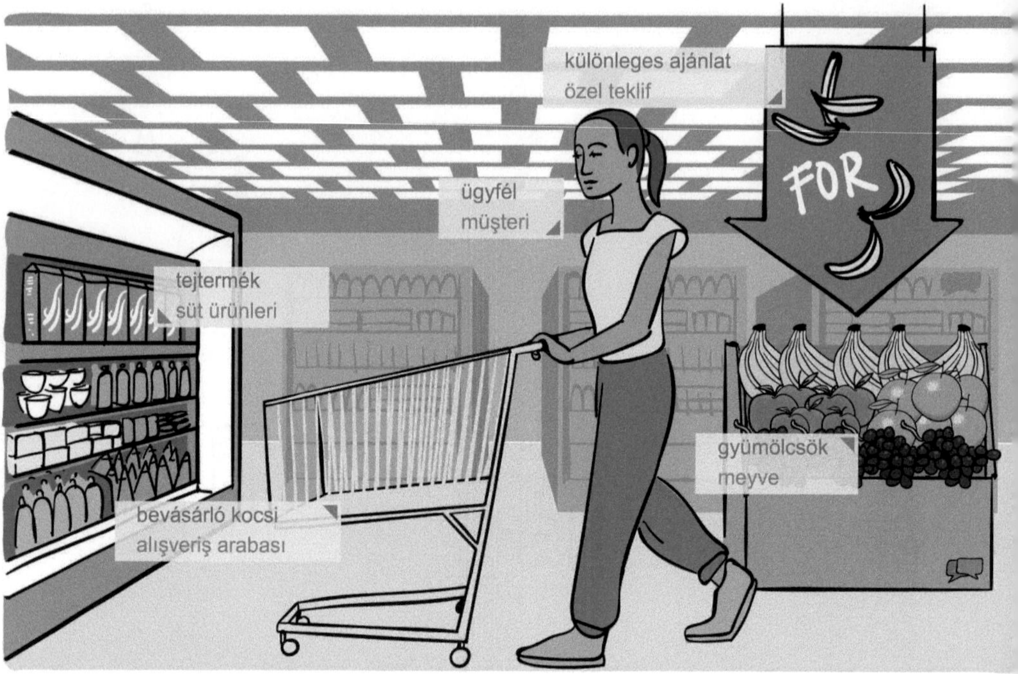

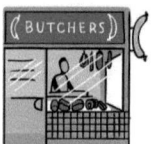

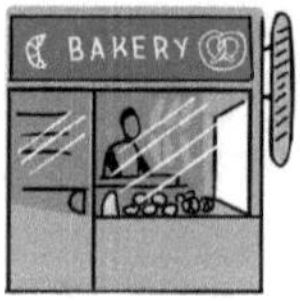

pékség

fırın

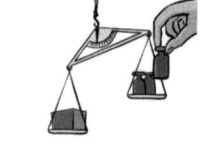

nyom valamennyit

tartmak

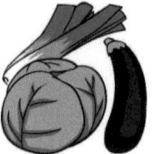

zöldség

sebze

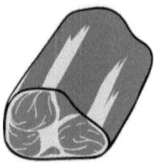

hús

et

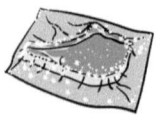

fagyasztott áru

donmuş gıda

felvágott

söğüş et

konzerv

konserve yiyecek

mosópor

toz deterjan

édességek

şekerlemeler

háztartási termék

ev temizlik ürünleri

tisztítószerek

temizlik ürünleri

eladó

satış görevlisi

pénztárgép

yazar kasa

eladó

kasiyer

bevásárló lista

alışveriş listesi

nyitva tartás

açılış saatleri

levéltárca

cüzdan

hitelkártya

kredi kartı

zacskó

çanta

műanyag zacskó

plastik poşet

víz

su

gyümölcslé

meyve suyu

tej

süt

kóla

kola

bor

şarap

sör

bira

alkohol

alkol

kakaó

kakao

tea

çay

kávé

kahve

eszpresszó

espresso

kapucsínó

kapuçino

banán

muz

alma

elma

narancs

portakal

sárgadinnye

kavun

citrom

limon

sárgarépa

havuç

fokhagyma

sarımsak

bambusz

bambu

hagyma

soğan

gomba

mantar

magvak

çerez

nokedli

makarna

spagetti	rizs	saláta
spagetti	pirinç	salata

sült krumpli	sült burgonya	pizza
cips	patates kızartması	pizza

hamburger	szendvics	hússzelet
hamburger	sandviç	şinitzel

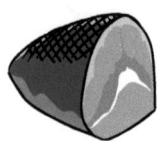  

sonka	szalámi	kolbász
pastırma	salam	sosis

csirke	pecsenye	hal
tavuk	rosto	balık

zabkása

yulaf ezmesi

müzli

müsli

kukoricapehely

mısır gevreği

liszt

un

croissant

kruvasan

zsemle

küçük ekmek

kenyér

ekmek

pirítós kenyér

tost

keksz

bisküvi

vaj

tereyağı

túró

kaymak

sütemény

kek

tojás

yumurta

tükörtojás

sahanda yumurta

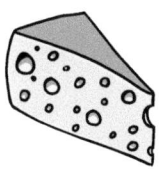

sajt

peynir

jégkrém
dondurma

cukor
şeker

méz
bal

lekvár
reçel

mogyorókrém
fındık ezmesi

curry
köri

gazdálkodás

çiftlik

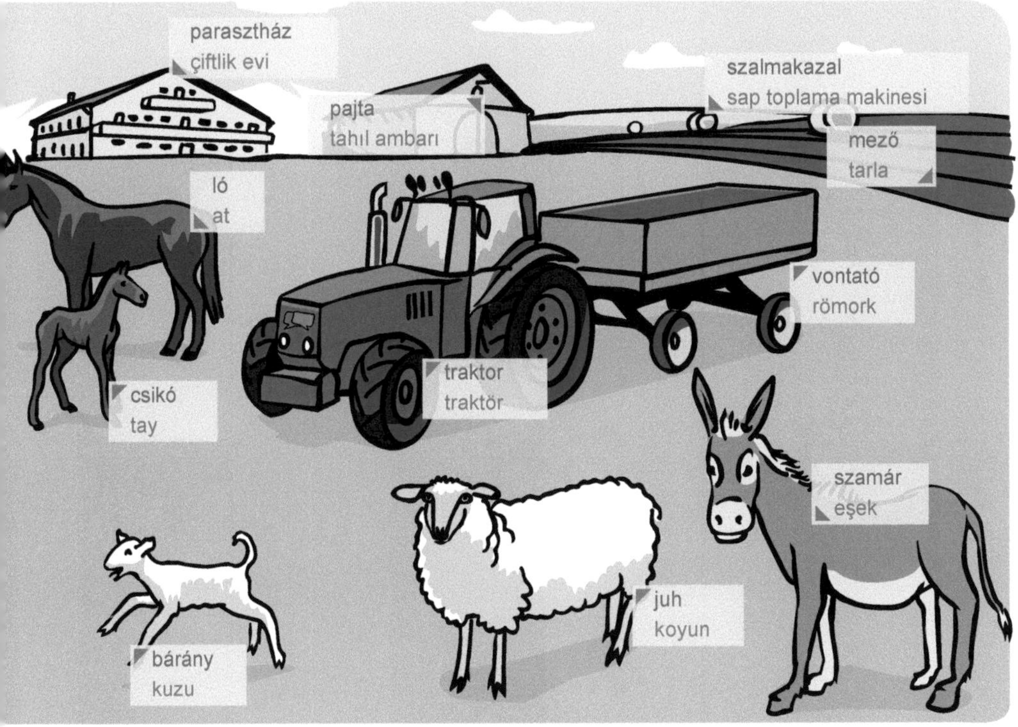
parasztház
çiftlik evi
pajta
tahıl ambarı
szalmakazal
sap toplama makinesi
mező
tarla
ló
at
vontató
römork
traktor
traktör
csikó
tay
szamár
eşek
juh
koyun
bárány
kuzu

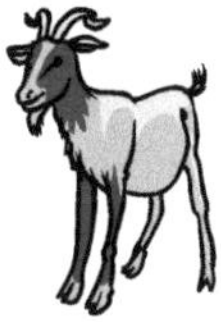

kecske
keçi

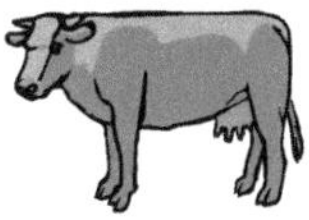

tehén
inek

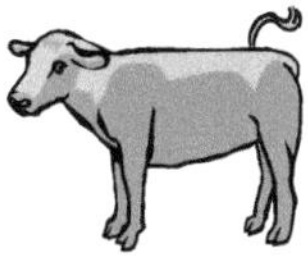

borjú
buzağı

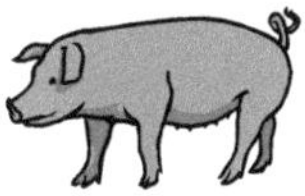

malac
domuz

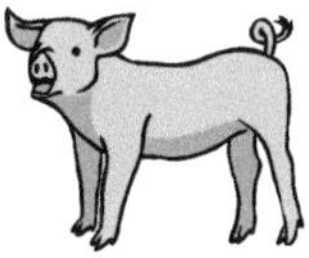

kismalac
domuz yavrusu

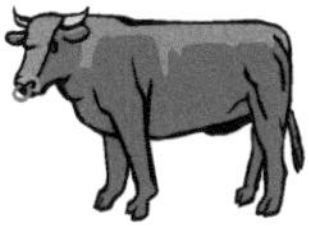

bika
boğa

liba
kaz

kacsa
ördek

csibe
civciv

tojó
tavuk

kakas
horoz

patkány
sıçan

macska
kedi

egér
fare

ökör
öküz

kutya
köpek

kutyaház
köpek kulübesi

kerti öntözőcső
bahçe hortumu

öntözőkanna
sulama kabı

kasza
tırpan

eke
pulluk

sarló
orak

kapa
çapa

vasvilla
dirgen

fejsze
balta

talicska
el arabası

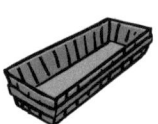

teknő
yemlik

tejes kancsó
süt kovası

zsák
çuval

kerítés
çit

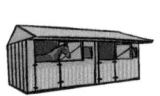

istálló
ahır

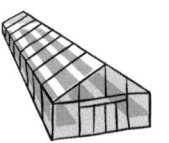

üvegház
sera

talaj
toprak

vetőmag
tohum

trágya
gübre

cséplőgép
biçerdöver

szüretelni

hasat etmek

betakarítás

harman

yamgyökér

tatlı patates

búza

buğday

szója

soya

burgonya

patates

kukorica

mısır

repcemag

kolza

gyümölcsfa

meyve ağacı

manióka

manyok

gabona

hububat

kémény
baca

tető
çatı

eresz
yağmur oluğu

ablak
pencere

garázs
garaj

ajtócsengő
kapı zili

ajtó
kapı

szemetes
çöp kutusu

postaláda
posta kutusu

kert
bahçe

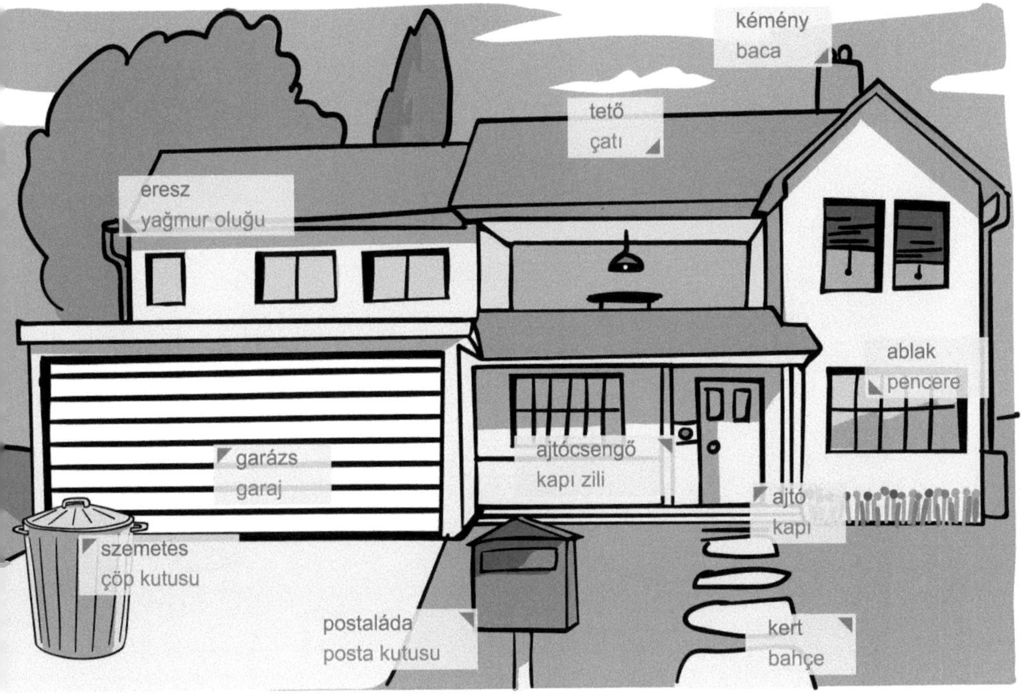

nappali

oturma odası

fürdőszoba

banyo

konyha

mutfak

hálószoba

yatak odası

gyerekszoba

çocuk odası

ebédlő

yemek odası

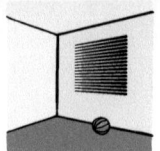

padló

zemin

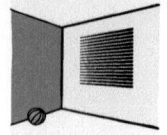

fal

duvar

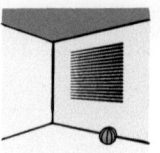

plafon

tavan

pince

kiler

szauna

sauna

erkély

balkon

terasz

teras

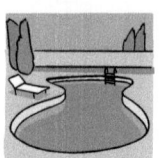

medence

havuz

fűnyíró

çim biçme makinesi

lepedő

çarşaf

ágytakaró

yatak örtüsü

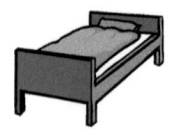

ágy

yatak

seprű

süpürge

vödör

kova

kapcsoló

anahtar

ház - ev

nappali
oturma odası

tapéta
duvar kağıdı
kép
resim
lámpa
lamba
polc
raf
szekrény
dolap
televízió
televizyon
kandalló
şömine
virág
çiçek
párna
minder
kanapé
kanepe
váza
vazo
távirányító
uzaktan kumanda

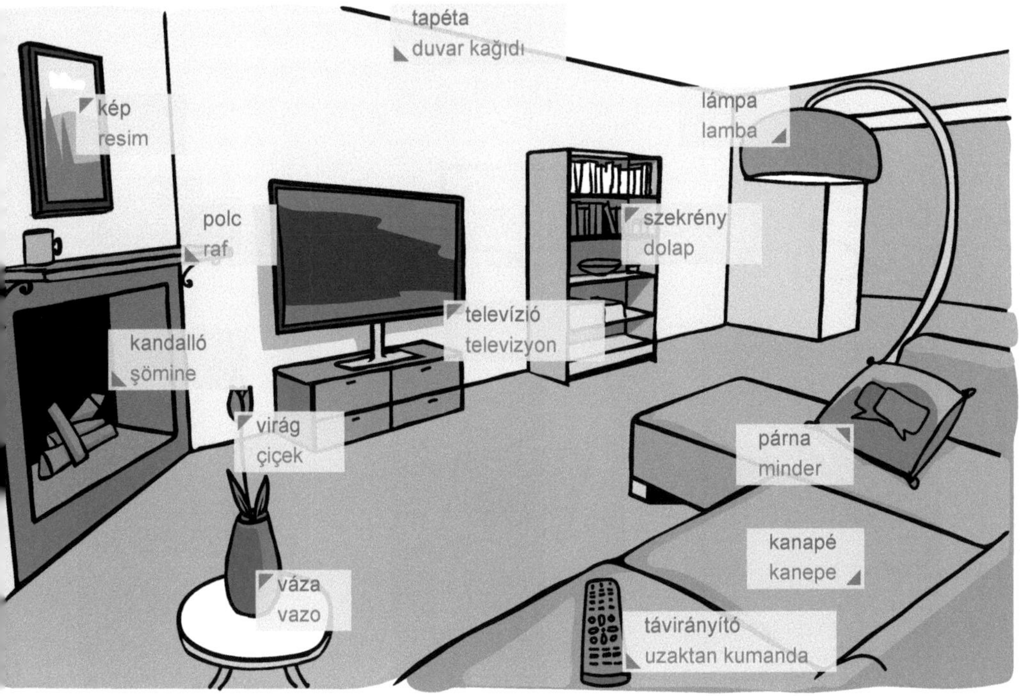

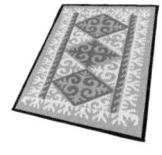

szőnyeg

halı

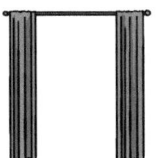

függöny

perde

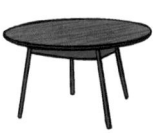

asztal

masa

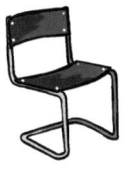

szék

sandalye

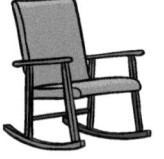

hintaszék

salıncaklı koltuk

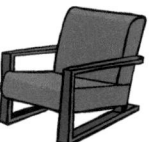

karosszék

koltuk

könyv
kitap

takaró
battaniye

dekoráció
dekor

tűzifa
odun

film
film

hifi
hi-fi

kulcs
anahtar

újság
gazete

festmény
tablo

poszter
poster

rádió
radyo

jegyzetfüzet
defter

porszívó
elektrikli süpürge

kaktusz
kaktüs

gyertya
mum

konyha
mutfak

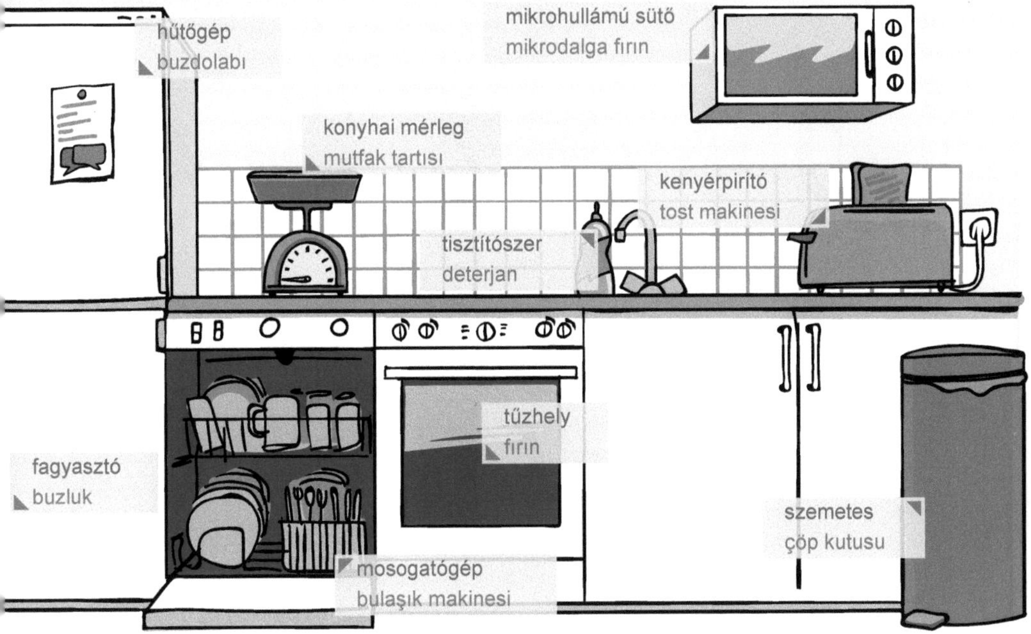

hűtőgép
buzdolabı
mikrohullámú sütő
mikrodalga fırın
konyhai mérleg
mutfak tartısı
kenyérpirító
tost makinesi
tisztítószer
deterjan
tűzhely
fırın
fagyasztó
buzluk
szemetes
çöp kutusu
mosogatógép
bulaşık makinesi

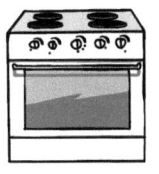

tűzhely

ocak

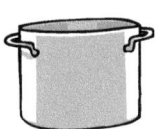

edény

tencere

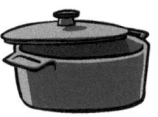

vasfazék

döküm tencere

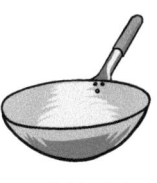

wok / kadai

wok

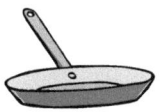

serpenyő

tava

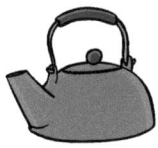

vízforraló

su ısıtıcı

pároló	tepsi	étkészlet
buharlı pişirici	pişirme tepsisi	tabak takımı

bögre	tálka	evőpálcika
kupa	kase	çubuk (çin yemeği)

merőkanál	keverőlapátka	habverő
kepçe	spatula	çırpma teli

szűrő	szita	reszelő
süzgeç	elek	rende

mozsár	grillsütő	kandalló
havan	barbekü	açık ateş

vágódeszka

kesme tahtası

sodrófa

merdane

dugóhúzó

tirbüşon

doboz

konserve kutusu

konzervnyitó

konserve açacağı

edényfogó

fırın eldiveni

mosogató

evye

kefe

fırça

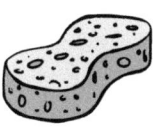

szivacs

sünger

turmixgép

blender

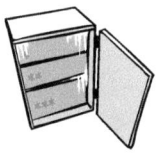

mélyhűtő

derin dondurucu

cumisüveg

biberon

csap

musluk

fürdőszoba
banyo

fűtés
ısıtma
zuhany
duş
törölköző
havlu
zuhanyfüggöny
duş perdesi
habfürdő
köpük banyosu
kád
küvet
pohár
bardak
mosógép
çamaşır makinesi
csap
musluk
csempe
fayans
bili
lazımlık
mosogató
evye

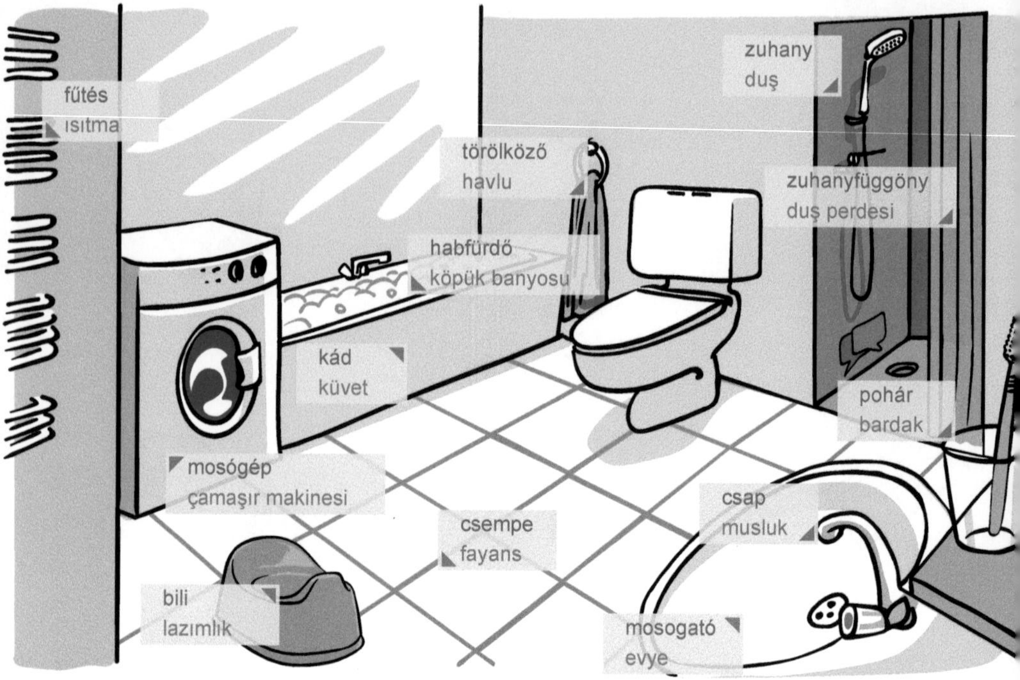

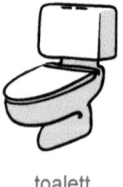

toalett
tuvalet

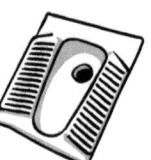

guggolós toalett
alaturka tuvalet

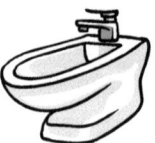

bidé
bide

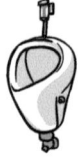

piszoár
pisuvar

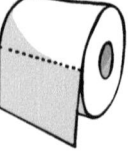

toalett papír
tuvalet kağıdı

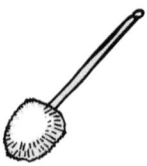

wc kefe
tuvalet fırçası

fogkefe
diş fırçası

fogkrém
diş macunu

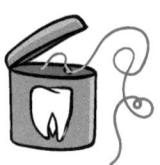

fogselyem
diş ipi

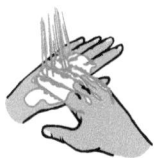

mosni
yıkamak

kézi zuhany
duş başlığı

intimzuhany
duş başlığı şeklinde taharet
musluğu

mosdótál
küvet

hátmosó kefe
banyo fırçası

szappan
sabun

tusfürdő
duş jeli

sampon
şampuan

mosdókesztyű
banyo lifi

lefolyó
gider

krém
krem

dezodor
deodorant

tükör
ayna

kézitükör
el aynası

borotva
jilet

borotvahab
tıraş köpüğü

borotválkozás utáni
arcszesz
tıraş losyonu

fésű
tarak

hajkefe
fırça

hajszárító
saç kurutma makinesi

hajlakk
saç spreyi

smink
makyaj

ajakrúzs
ruj

körömlakk
tırnak cilası

vatta
pamuk

körömvágó olló
tırnak makası

parfüm
parfüm

neszesszer

makyaj çantası

sámli

tabure

mérleg

tartı

köntös

bornoz

gumikesztyű

lastik eldiven

tampon

tampon

egészségügyi betét

kadın pedi

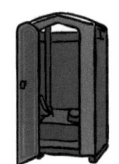

vegyi WC

kimyevi tuvalet

gyerekszoba

çocuk odası

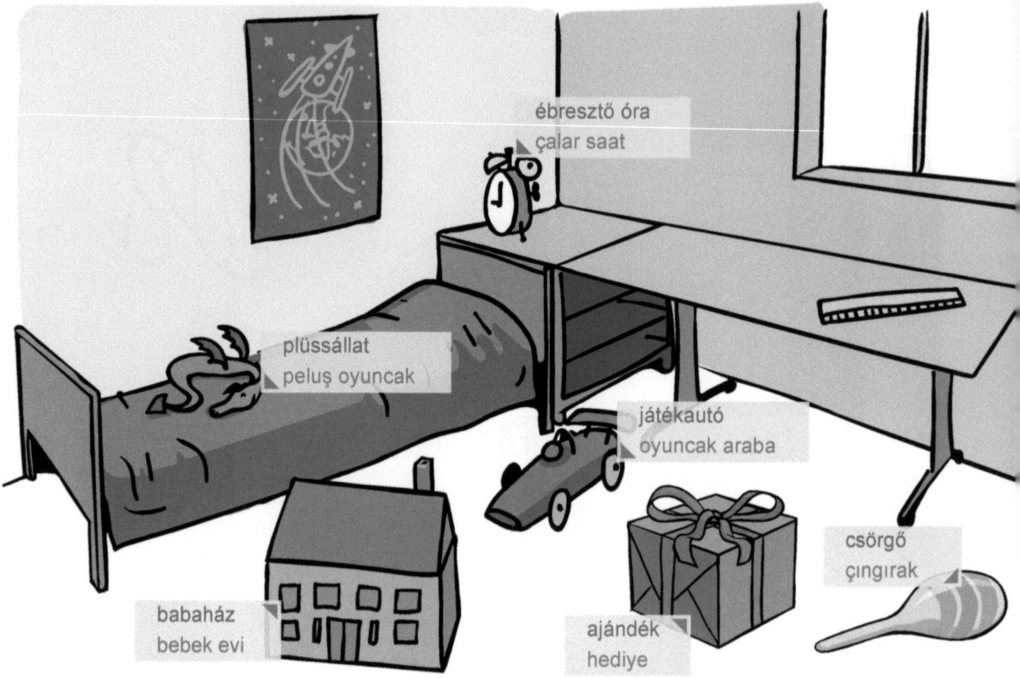
ébresztő óra
çalar saat
plüssállat
peluş oyuncak
játékautó
oyuncak araba
csörgő
çıngırak
babaház
bebek evi
ajándék
hediye

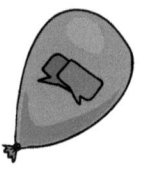

lufi

balon

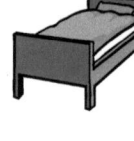

ágy

yatak

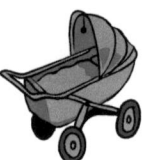

babakocsi

bebek arabası

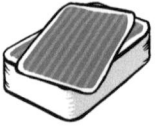

kártyapakli

kart destesi

kirakós játék

yapboz

SUPER MEGA

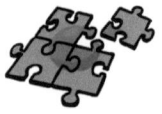

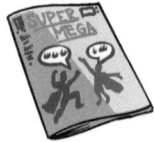

képregény

çizgi roman

építőkockák

lego tuğlaları

építőelem

lego blokları

szuperhős

aksiyon figürü

rugdalózó

zıbın

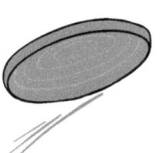

frizbi

frizbi

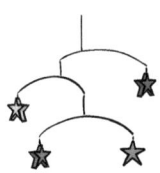

zenélő forgó

dönence

társasjáték

masa oyunu

kocka

zar

modellvasút

model tren seti

cumi

emzik

zsúr

parti

képeskönyv

resimli kitap

labda

top

baba

oyuncak bebek

játszani

oynamak

homokozó

kum havuzu

hinta

salıncak

játékok

oyuncaklar

videójáték konzol

video oyun konsolu

tricikli

üç tekerlekli bisiklet

teddi maci

oyuncak ayı

ruhásszekrény

gardırop

ruházat
kıyafet

zokni

çorap

harisnya

külotlu çorap

harisnyanadrág

tayt

sál
eşarp

esernyő
şemsiye

póló
tişört

öv
kemer

csizma
bot

papucs
terlik

tornacipő
spor ayakkabı

szandál	cipő	gumicsizma
sandalet	ayakkabı	lastik çizme

alsónadrág	melltartó	mellény
külot	sütyen	yelek

body

dar bluz

nadrág

pantolon

farmer

kot pantolon

szoknya

etek

blúz

bluz

ing

gömlek

pulóver

kazak

kapucnis pulóver

süveter

blézer

blazer

dzseki

ceket

kabát

mont

esőkabát

yağmurluk

kosztüm

kostüm

ruha

elbise

esküvői ruha

gelinlik

öltöny
takım elbise

hálóing
gecelik

pizsama
pijama

szári
sari

fejkendő
baş örtüsü

turbán
türban

burka
burka

kaftán
kaftan

abaya
çarşaf

fürdőruha
mayo

fürdőnadrág
erkek mayosu

rövidnadrág
şort

tréningruha
eşofman

kötény
önlük

kesztyű
eldiven

gomb

düğme

szemüveg

gözlük

karkötő

bilezik

nyaklánc

kolye

gyűrű

yüzük

fülbevaló

küpe

sapka

kep

vállfa

portmanto

kalap

şapka

nyakkendő

kravat

cipzár

fermuar

bukósisak

kask

nadrágtartó

pantolon askısı

iskolai egyenruha

okul forması

egyenruha

üniforma

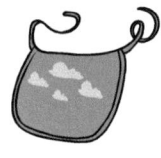

előke

mama önlüğü

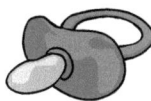

cumi

emzik

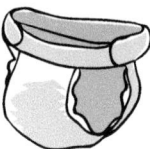

pelenka

bebek bezi

iroda

ofis

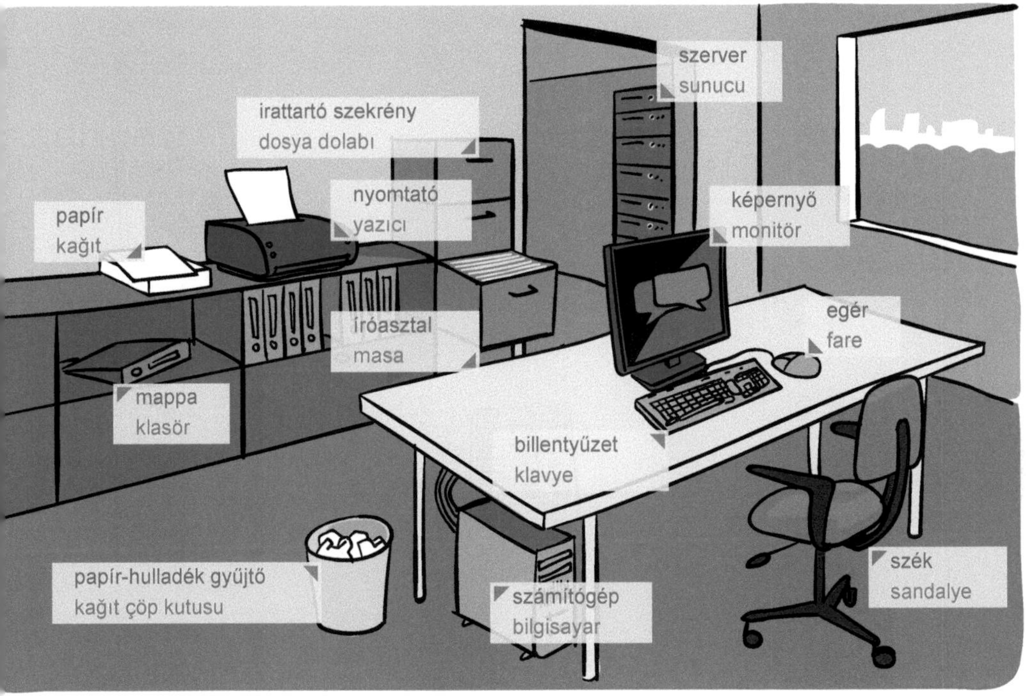

szerver
sunucu
irattartó szekrény
dosya dolabı
nyomtató
yazıcı
papír
kağıt
képernyő
monitör
íróasztal
masa
egér
fare
mappa
klasör
billentyűzet
klavye
papír-hulladék gyűjtő
kağıt çöp kutusu
szék
sandalye
számítógép
bilgisayar

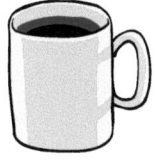

kávéscsésze

kahve fincanı

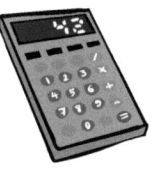

számológép

hesap makinesi

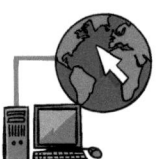

internet

internet

laptop

dizüstü

levél

mektup

üzenet

mesaj

mobiltelefon

cep telefonu

hálózat

ağ

fénymásoló

fotokopi makinesi

szoftver

yazılım

telefon

telefon

konnektor

priz

faxgép

faks makinesi

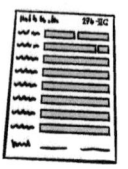

formanyomtatvány

form

dokumentum

belge

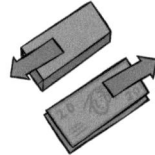

venni

satın almak

fizetni

ödemek

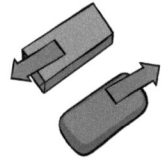

kereskedni

ticaret yapmak

pénz

para

dollár

dolar

euró

avro

jen

yen

rubel

ruble

svájci frank

İsviçre frangı

kínai jüan

Çin yuanı

rúpia

rupi

bankautomata

kasa

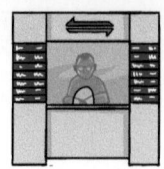

valutaváltó iroda

döviz bürosu

arany

altın

ezüst

gümüş

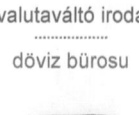

olaj

petrol

energia

enerji

ár

fiyat

szerződés

kontrat

adó

vergi

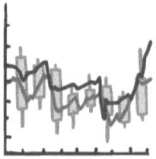

részvény

menkul değer

dolgozni

çalışmak

munkavállaló

işveren

munkaadó

işçi

gyár

fabrika

üzlet

mağaza

foglalkozások

meslekler

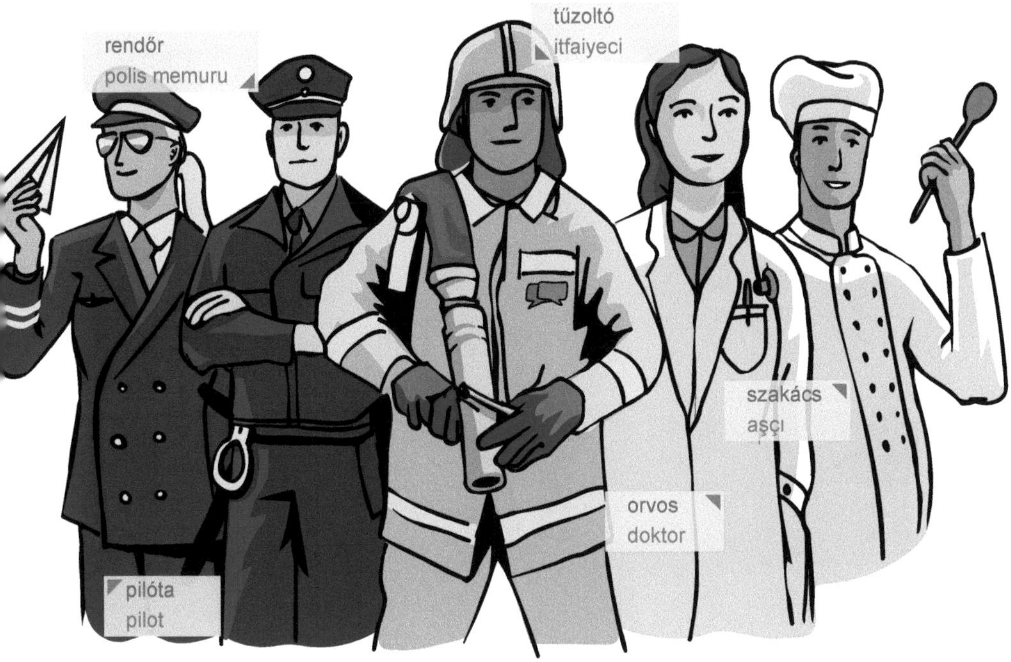

rendőr
polis memuru
tűzoltó
itfaiyeci
szakács
aşçı
orvos
doktor
pilóta
pilot

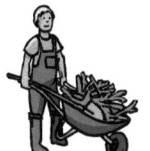

kertész

bahçıvan

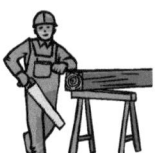

kárpitos

marangoz

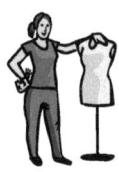

varrónő

terzi

bíró

hakim

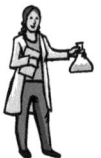

vegyész

kimyager

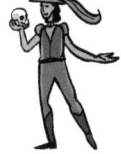

színész

aktör

buszsofőr
otobüs şoförü

taxisofőr
taksi şoförü

halász
balıkçı

bejárónő
temizlikçi

tetőfedő
çatı ustası

pincér
garson

vadász
avcı

festő
boyacı

pék
fırıncı

villanyszerelő
elektrikçi

építőmunkás
inşaatçı

mérnök
mühendis

hentes
kasap

vízvezeték-szerelő
muslukçu

postás
postacı

katona

asker

építész

mimar

eladó

kasiyer

virágos

çiçekçi

fodrász

kuaför

kalauz

kondüktör

műszerész

tamirci

kapitány

kaptan

fogorvos

dişçi

tudós

bilim insanı

rabbi

haham

imám

imam

szerzetes

keşiş

lelkész

rahip

foglalkozások - meslekler

55

szerszámok

aletler

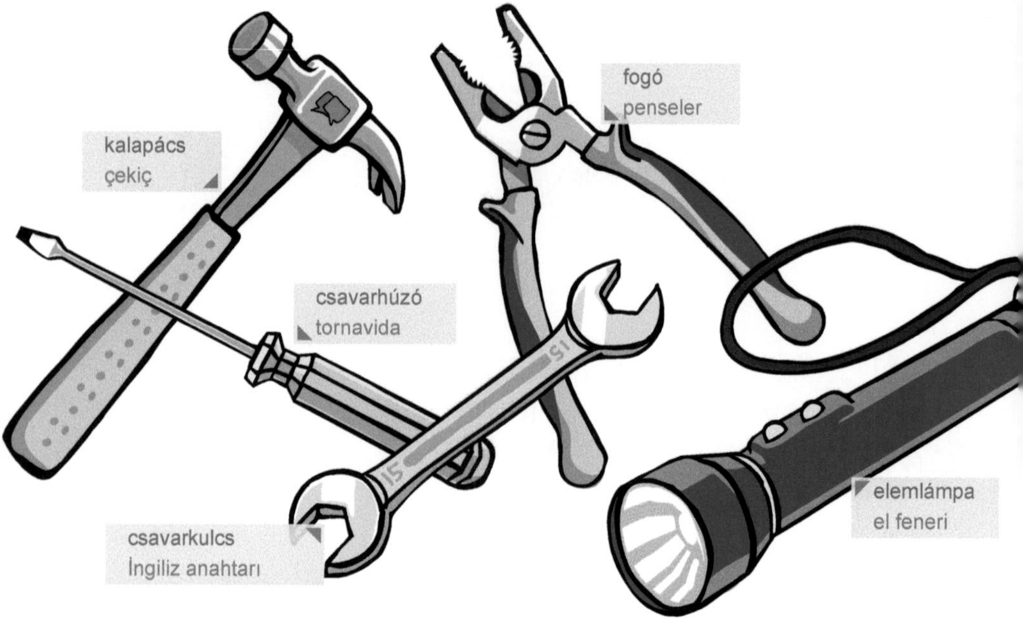
kalapács
çekiç
fogó
penseler
csavarhúzó
tornavida
csavarkulcs
İngiliz anahtarı
elemlámpa
el feneri

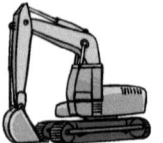

markológép
kazı makinesi

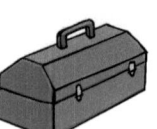

szerszámosláda
alet çantası

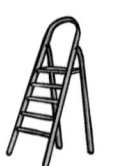

vödör
merdiven

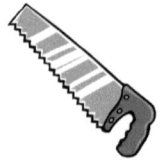

fűrész
testere

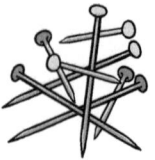

szög
çiviler

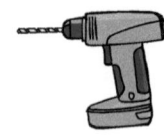

fúrógép
matkap

megjavítani

tamir etmek

lapát

kürek

A francba!

Kahretsin!

szemétlapát

faraş

festékesdoboz

boya tenekesi

csavar

vidalar

hangszerek
müzik enstrümanı

dobfelszerelés
bateri seti

hangszóró
hoparlör

nagybőgő
kontrbas

trombita
trompet

gitár
gitar

zongora

piyano

hegedű

keman

basszusgitár

basgitar

üstdob

timpani

dobok

bateri

digitális zongora

klavye

szaxofon

saksafon

fuvola

flüt

mikrofon

mikrofon

állatkert

hayvanat bahçesi

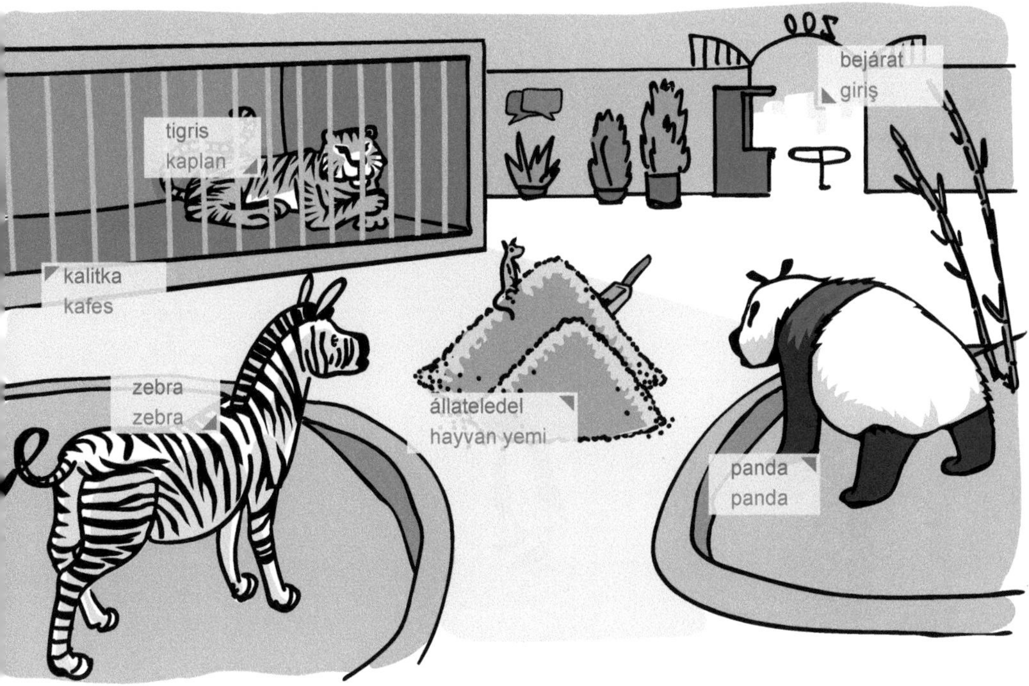

tigris
kaplan
bejárat
giriş
kalitka
kafes
zebra
zebra
állateledel
hayvan yemi
panda
panda

állatok

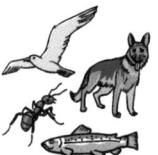

hayvanlar

elefánt

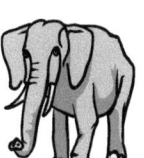

fil

kenguru

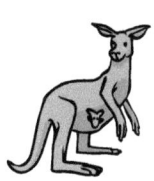

kanguru

orrszarvú

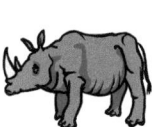

gergedan

gorilla

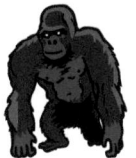

goril

medve

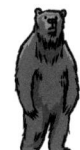

ayı

teve	strucc	oroszlán
deve	deve kuşu	aslan

majom	flamingó	papagáj
maymun	flamingo	papağan

jegesmedve	pingvin	cápa
kutup ayısı	penguen	köpek balığı

páva	kígyó	krokodil
tavus kuşu	yılan	timsah

állatgondozó	fóka	jaguár
hayvanat bahçesi görevlisi	fok	jaguar

póniló

midilli atı

leopárd

leopar

víziló

su aygırı

zsiráf

zürafa

sas

kartal

vaddisznó

yaban domuzu

hal

balık

teknős

kaplumbağa

rozmár

mors

róka

tilki

gazella

ceylan

amerikai futball
amerikan futbolu

kerékpározás
bisiklete binme

tenisz
tenis

kosárlabda
basketbol

úszás
yüzme

boksz
boks

jégkorong
buz hokeyi

futball
futbol

tollas
badminton

atlétika
atletizm

kézilabda
hentbol

síelés
kayak

lovaspóló
polo

tevékenységek
etkinlikler

ugrani
atlamak
ölelni
sarılmak
nevetni
gülmek
sétálni
yürümek
énekelni
söylemek
álmodni
hayal etmek
dicsérni
dua etmek
csókolni
öpmek

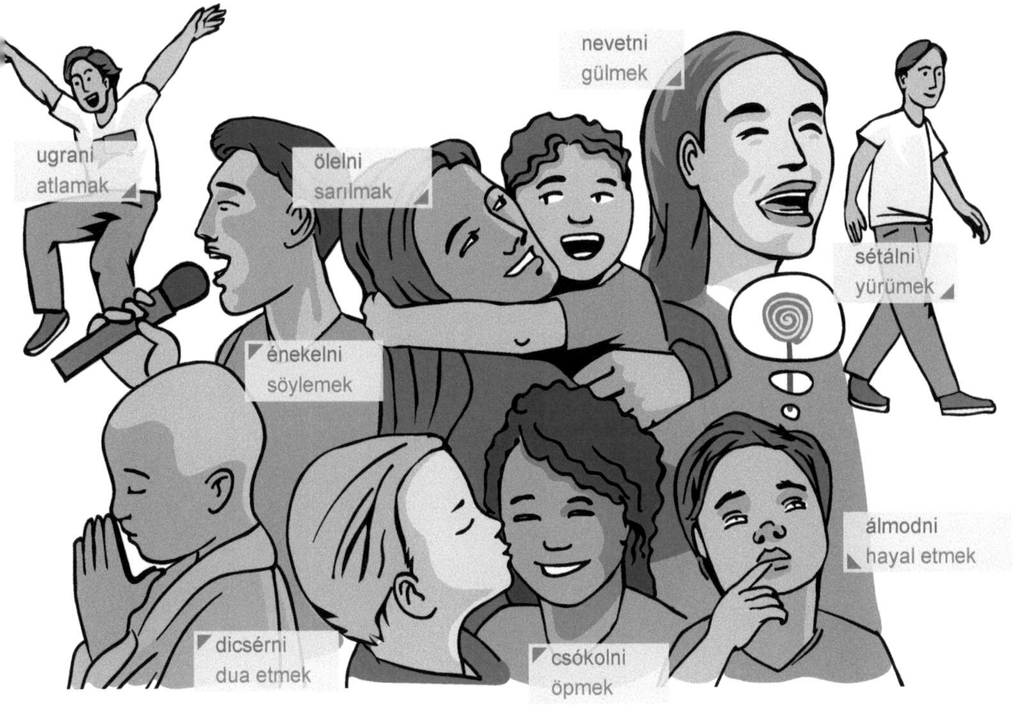

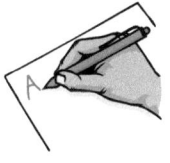

írni
....
yazmak

rajzolni
....
çizmek

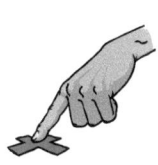

mutatni
....
göstermek

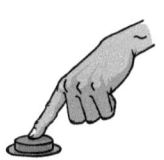

tolni
....
itmek

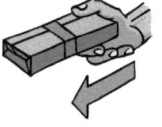

adni
....
vermek

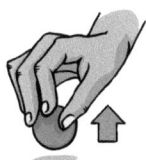

vinni
....
almak

birtokolni
sahip olmak

csinálni
yapmak

lenni
olmak

állni
ayakta durmak

futni
koşmak

húzni
çekmek

hajít
atmak

esni
düşmek

hazudni
yalan söylemek

várni
beklemek

vinni
taşımak

ülni
oturmak

felvenni
giyinmek

aludni
uyumak

felébredni
uyanmak

ránézni
bakmak

sírni
ağlamak

simogat
vurmak

fésülni
taramak

beszélni
konuşmak

megérteni
anlamak

kérdezni
sormak

hallgatni
dinlemek

inni
içmek

enni
yemek

takarítani
düzenlemek

szeretni
sevmek

főzni
pişirmek

vezetni
sürmek

szállni
uçmak

vitorlázni

denize açılmak

számol

hesapla

olvasni

okumak

tanulni

öğrenmek

dolgozni

çalışmak

házasodni

evlenmek

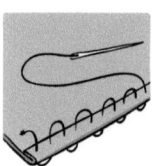

varrni

dikmek

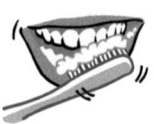

fogat mosni

diş fırçalamak

ölni

öldürmek

dohányozni

sigara içmek

küldeni

yollamak

nagymama
büyükanne

nagypapa
büyükbaba

apa
baba

anya
anne

kisbaba
bebek

lány
kız

fiú
oğul

vendég
misafir

nagynéni
teyze

nagybácsi
amca

fiútestvér
erkek kardeş

lánytestvér
kız kardeş

család - aile

67

test

vücut

homlok
alın
szem
göz
váll
omuz
ujj
parmak
arc
yüz
áll
çene
kéz
el
láb
bacak
mell
göğüs
kar
kol

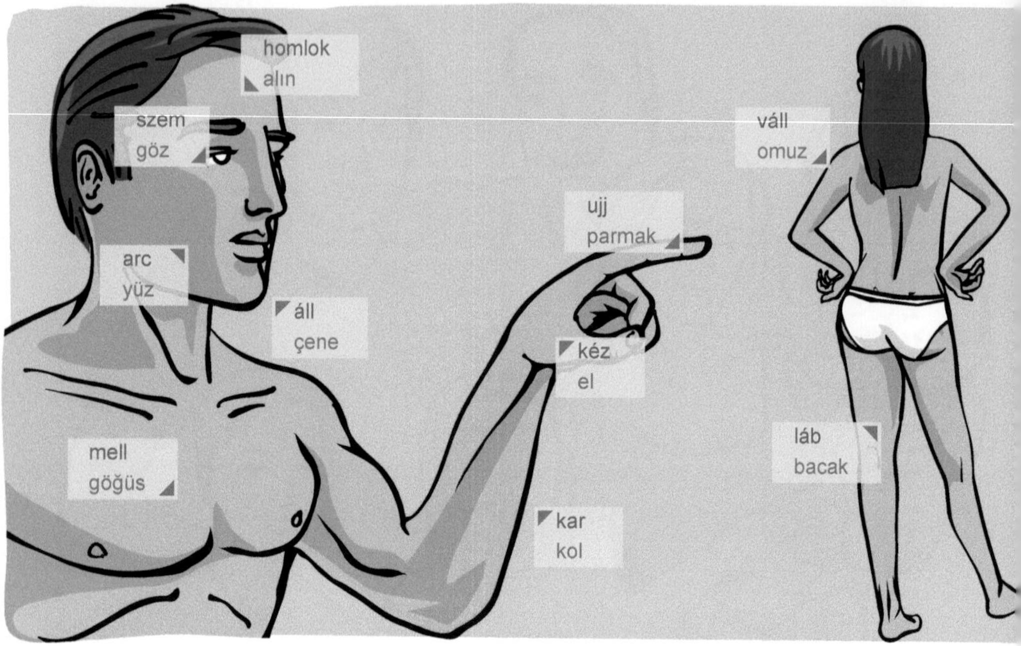

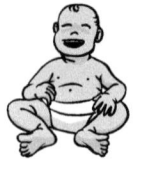

kisbaba

bebek

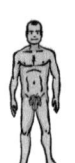

ember

adam

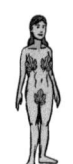

nő

kadın

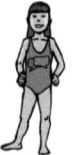

lány

kız

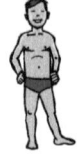

fiú

erkek çocuk

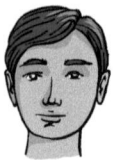

fej

baş

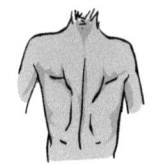

hát
sırt

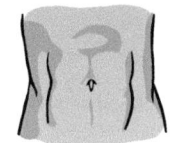

has
karın

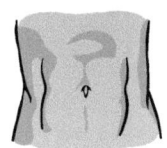

köldök
göbek

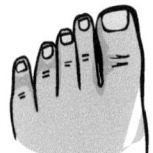

lábujj
ayak parmağı

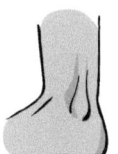

sarok
topuk

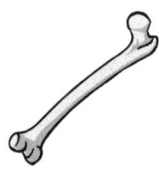

csont
kemik

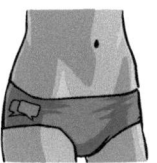

csípő
kalça

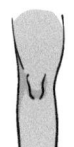

térd
diz

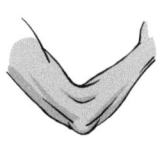

könyök
dirsek

orr
burun

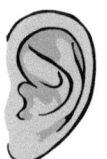

fenék
kalça

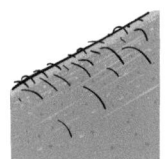

bőr
deri

orca
yanak

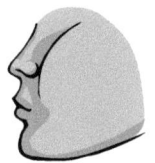

fül
kulak

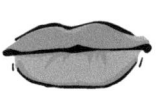

ajak
dudak

száj

ağız

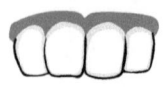

fog

diş

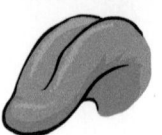

nyelv

dil

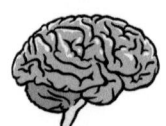

agy

beyin

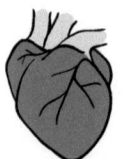

szív

kalp

izom

kas

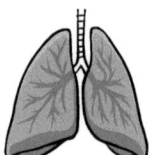

tüdő

akciğer

máj

karaciğer

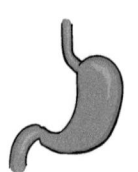

gyomor

mide

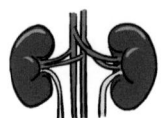

vese

böbrekler

szex

seks

kondom

prezervatif

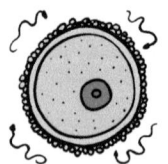

petesejt

yumurtalık

sperma

sperm

terhesség

hamilelik

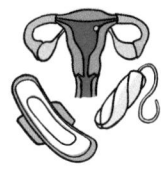

menstruáció

regl

vagina

vajina

pénisz

penis

szemöldök

kaş

haj

saç

nyak

boyun

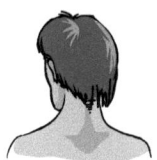

kórház

hastane

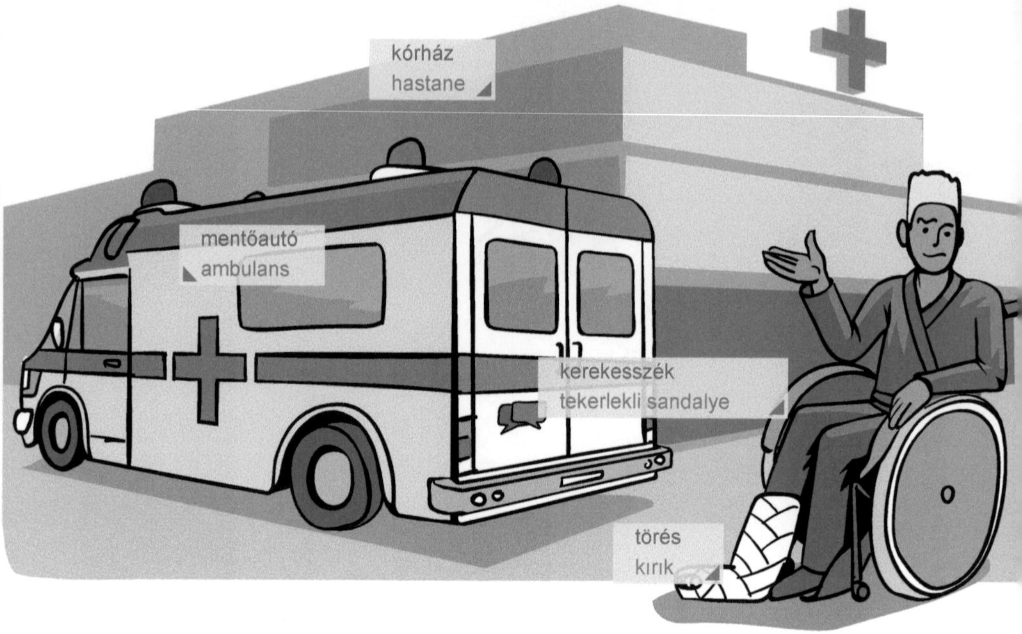

kórház
hastane
mentőautó
ambulans
kerekesszék
tekerlekli sandalye
törés
kırık

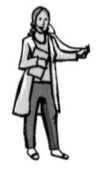

orvos

doktor

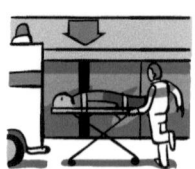

sürgősségi osztály

acil servis

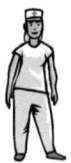

ápoló

hemşire

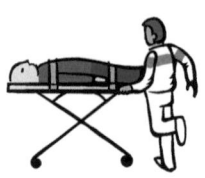

vészhelyzet

acil

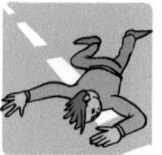

eszméletlen

baygın

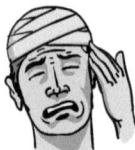

fájdalom

acı

sérülés

yaralanma

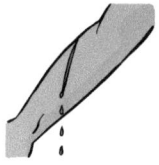

vérzés

kanama

szívroham

kalp krizi

szélütés

felç

allergia

alerji

köhögés

öksürük

láz

ateş

influenza

grip

hasmenés

ishal

fejfájás

baş ağrısı

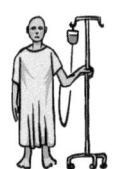

rák

kanser

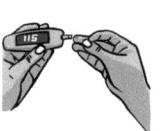

cukorbetegség

şeker hastalığı

sebész

cerrah

szike

neşter

műtét

operasyon

CT
bilgisayarlı tomografi

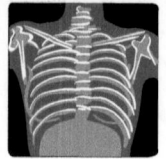

röntgen
röntgen

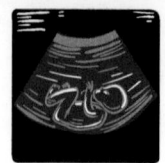

ultrahang
ultrason

arcmaszk
yüz maskesi

betegség
hastalık

váróterem
bekleme odası

mankó
koltuk değneği

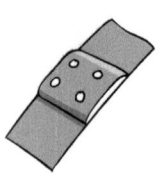

sebtapasz
yara bandı

kötszer
bandaj

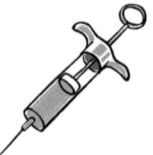

injekció
enjeksiyon

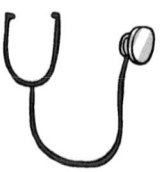

sztetoszkóp
steteskop

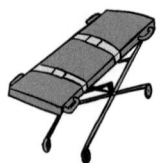

hordágy
sedye

klinikai hőmérő
tıbbi termometre

születés
doğum

túlsúly
fazla kilo

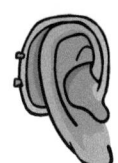

hallókészülék

işitme cihazı

fertőtlenítőszer

dezenfektan

fertőzés

enfeksiyon

vírus

virüs

HIV/AIDS

HIV / AIDS

orvosság

ilaç

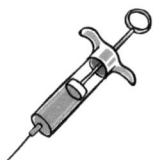

oltás

aşı

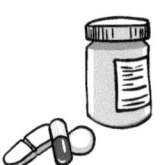

tabletták

tablet

tabletta

hap

sürgősségi hívás

acil çağrı

vérnyomásmérő

tansiyon aleti

betegség / egészség

hasta / sağlıklı

Segítség!	riasztás	rajtaütés
İmdat!	alarm	darp

támadás	veszély	vészkijárat
saldırı	tehlike	acil çıkış

tűz!	tűzoltókészülék	baleset
Yangın!	yangın tüpü	kaza
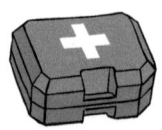		
elsősegélycsomag	SOS	rendőrség
ilk yardım çantası	imdat	polis

Európa

Avrupa

Észak-Amerika

Kuzey Amerika

Dél-Amerika

Güney amerika

Afrika

Afrika

Ázsia

Asya

Ausztrália

Avustralya

Atlanti-óceán

Atlantik

Csendes-óceán

Pasifik

Indiai-óceán

Hint Okyanusu

Déli-óceán

Antarktika Okyanusu

Jeges-tenger

Arktik Okyanusu

Északi-sark

Kuzey Kutbu

Déli-sark

Güney Kutbu

Antarktisz

Antarktika

föld

dünya

szárazföld

kara

tenger

deniz

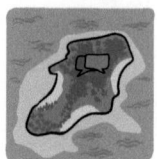

sziget

ada

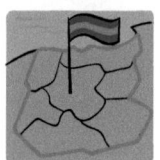

nemzet

ulus

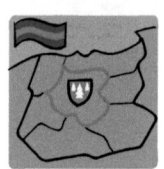

állam

ülke

számlap	kismutató	nagymutató
kadran	akrep	yelkovan

másodpercmutató	Mennyi az idő?	nap
saniye ibresi	Saat kaç?	gün

 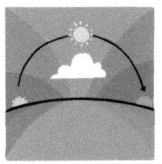

idő	most	digitális óra
zaman	şimdi	dijital saat

perc	óra
dakika	saat

hét
hafta

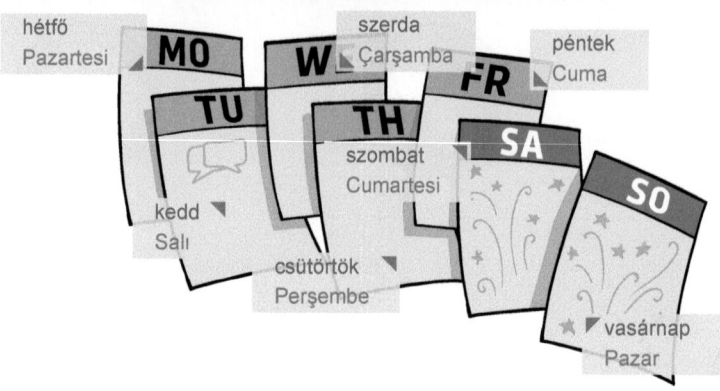

hétfő / Pazartesi — MO
szerda / Çarşamba — W
péntek / Cuma — FR
kedd / Salı — TU
csütörtök / Perşembe — TH
szombat / Cumartesi — SA
vasárnap / Pazar — SO

tegnap

dün

ma

bugün

holnap

yarın

reggel

sabah

dél

öğle

este

akşam

MO	TU	WE	TH	FR	SA	SU
1	2	3	4	5	6	7
8	9	10	11	12	13	14
15	16	17	18	19	20	21
22	23	24	25	26	27	28
29	30	31	1	2	3	4

hétköznap

iş günleri

MO	TU	WE	TH	FR	SA	SU
1	2	3	4	5	6	7
8	9	10	11	12	13	14
15	16	17	18	19	20	21
22	23	24	25	26	27	28
29	30	31	1	2	3	4

hétvége

hafta sonu

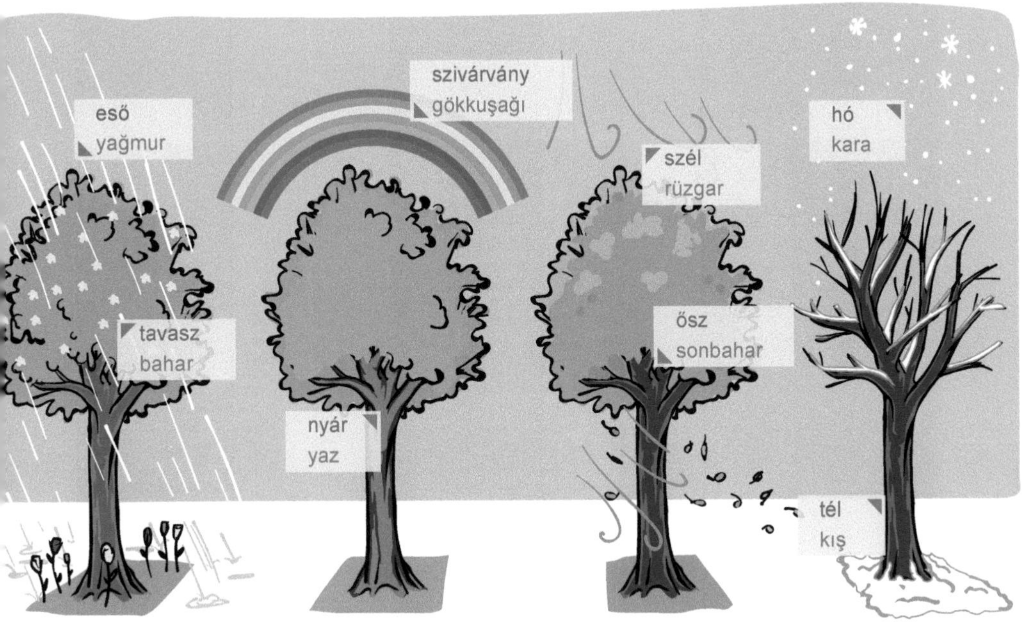

eső
yağmur
szivárvány
gökkuşağı
hó
kara
szél
rüzgar
tavasz
bahar
ősz
sonbahar
nyár
yaz
tél
kış

4.APRIL 11°
5.APRIL 4°
6.APRIL 13°
7.APRIL 8°
8.APRIL 10°

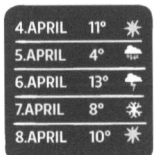

időjárás előrejelzés

hava durumu tahmini

F C
120 40
90 30
60 20
30 10
0 0
-30 -10
-20

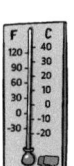

hőmérő

termometre

napsütés

güneş ışığı

felhő

bulut

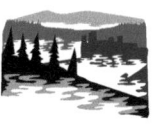

köd

sis

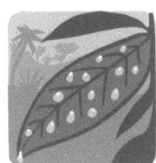

páratartalom

nem

villámlás
şimşek

mennydörgés
gök gürültüsü

vihar
fırtına

jégeső
dolu

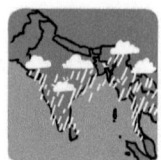

monszun
muson

áradás
sel

jég
buz

január
Ocak

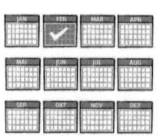

február
Şubat

március
Mart

április
Nisan

május
Mayıs

június
Haziran

július
Temmuz

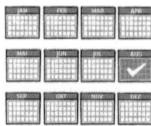

augusztus
Ağustos

év - yıl

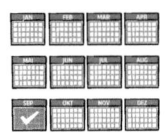

szeptember
....
Eylül

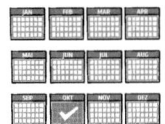

október
....
Ekim

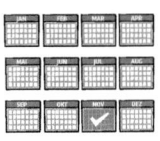

november
....
Kasım

december
....
Aralık

kör
....
daire

négyzet
....
kare

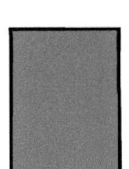

téglalap
....
dikdörtgen

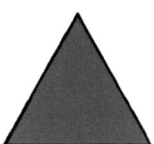

háromszög
....
üçgen

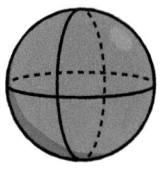

gömb
....
küre

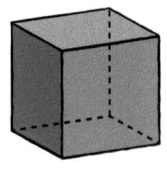

kocka
....
küp

fehér

beyaz

sárga

sarı

narancs

turuncu

rózsaszín

pembe

piros

kırmızı

lila

mor

kék

mavi

zöld

yeşil

barna

kahverengi

szürke

gri

fekete

siyah

sok / kevés
çok / az

mérges / nyugodt
kızgın / sakin

szép / csúnya
güzel / çirkin

kezdet / vég
başlangıç / son

nagy / kicsi
büyük / küçük

világos / sötét
parlak / karanlık

fivér / nővér
erkek kardeş / kız kardeş

tiszta / koszos
temiz / kirli

teljes / nem teljes
tamam / eksik

nappal / éjszaka
gün / gece

halott / élő
ölü / canlı

széles / keskeny
geniş / dar

ehető / nem ehető
yenilebilir / yenilemez

gonosz / kedves
kötü / iyi

izgatott / unott
heyecanlı / sıkılmış

kövér / vékony
şişman / zayıf

első / utolsó
ilk / son

barát / ellenség
dost / düşman

teli / üres
dolu / boş

kemény / puha
sert / yumuşak

nehéz / könnyű
ağır / hafif

éhség / szomjúság
açlık / susuzluk

betegség / egészség
hasta / sağlıklı

illegális / legális
yasa dışı / yasal

intelligens / buta
zeki / aptal

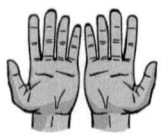

bal / jobb
sol / sağ

közel / távol
yakın / uzak

új / használt
yeni / kullanılmış

semmi / valami
hiçbir şey / bir şey

idős / fiatal
yaşlı / genç

be / ki
açma / kapama

nyitva / zárva
açık / kapalı

csendes / hangos
sessiz / gürültülü

gazdag / szegény
zengin / fakir

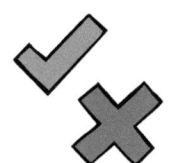

helyes / helytelen
doğru / yanlış

érdes / sima
pürüzlü / düz

szomorú / vidám
üzgün / mutlu

rövid / hosszú
kısa / uzun

lassú / gyors
yavaş / hızlı

nedves / száraz
ıslak / kuru

meleg / hideg
sıcak / serin

háború / béke
savaş / barış

0	**1**	**2**
nulla	egy	kettő
sıfır	bir	iki

3	**4**	**5**
három	négy	öt
üç	dört	beş

6	**7**	**8**
hat	hét	nyolc
altı	yedi	sekiz

9	**10**	**11**
kilenc	tíz	tizenegy
dokuz	on	on bir

12

tizenkettő

on iki

13

tizenhárom

on üç

14

tizennégy

on dört

15

tizenöt

on beş

16

tizenhat

on altı

17

tizenhét

on yedi

18

tizennyolc

on sekiz

19

tizenkilenc

on dokuz

20

húsz

yirmi

100

száz

yüz

1.000

ezer

bin

1.000.000

millió

milyon

angol

İngilizce

amerikai angol

Amerikan İngilizcesi

mandarin kínai

Çince (Mandarin)

hindi

Hintçe

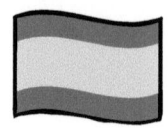

spanyol

İspanyolca

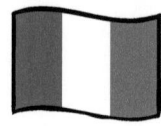

francia

Fransızca

arab

Arapça

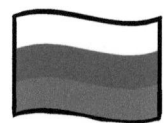

orosz

Rusça

portugál

Portekizce

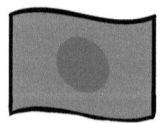

bengáli

Bengalce

német

Almanca

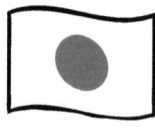

japán

Japonca

én
ben

te
sen

ő
o

mi
biz

ti
siz

ők
onlar

ki?
kim?

mi?
ne?

hogyan?
nasıl?

hol?
nerede?

mikor?
ne zaman?

név
isim

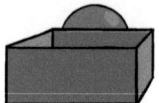

mögött

arkasında

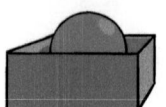

benne

içinde

előtte

önünde

felette

üzerinde

rajta

üstünde

alatta

altında

mellett

yanında

között

arasında

hely

yer